受け止める

まえがき

2006年にスタートした『ありがとう』シリーズは大きな反響で、多くの方に読まれています。(現時点で35万冊)

それだけ、今の世の中に求められているのだろうと思います。

たくさんの方に読んでいただき、とてもうれしいです。

この『受け止める』は、『ありがとう』シリーズの2冊目『だいじょうぶ』の大幅改定版です。

『だいじょうぶ』は「いじめ」「子育て」などを取り上げたものでしたが、このテーマが社会問題としてクローズアップされてきた現在、「どう対処すればいいのか」という視点を加えて大幅改定して、より役立てていただける本にしました。

＊いじめ
教育現場だけではなく、家庭や職場にもあります。
＊子育て
家庭での子育てだけではなく、自分育てが大切です。

そのためには、まず自分が、ある「一つ」のことを理解して実行することがなにより大切です。
それはかんたんな「一つ」のことです。それをこの本で書きました。
ぜひ、お読みください。

高木　善之

もくじ

1　いじめって何だろう

いじめって何でしょう。

なぜ、いじめが生まれるのでしょう。

最初に3つのエピソードをご紹介します。

●メガネザル

娘（加乃）が小学校1年生の時のことです。

小学校に入学してまもなく、学校の視力検査で「近視ですからメガネをかけるように」と言われ、メガネを買ってやりました。

娘は、「よく見える、よく見える」と大喜びでメガネをかけて登校しました。

その日、先に帰った兄が、「お母さん、きょう学校でね、加乃が『メガネザル、

メガネザル』って言われてたよ」と告げました。

妻は驚き、

「娘はメガネをかけて帰ってくるだろうか」

「学校であったことを話すだろうか」

「明日からメガネをかけるのをいやがらないだろうか」

「これがいじめにつながりはしないだろうか」

など、いろいろ心配しながら娘の帰りを待っていました。

そこに娘はメガネをかけてニコニコして帰ってきて、

「お母さん、聞いて聞いて！　きょうね、メガネをかけて行ったでしょう。そしたらね、みんながメガネザルとか、パンダとか、いろんなことを言ってくれたの！　楽しかったわ！　そしてね、今度みんなで動物園に行こうってことになったの！　いいでしょ！　やったー！」

とうれしそうに話したので、妻はほっと胸をなでおろしました。

●ハゲ

娘には、頭に三センチくらいのハゲがあります。

そのことについて娘には、「生まれたときからアザがあって、そこだけ髪の毛が生えないんだよ」と、鏡で見せて説明しています。

事実を話すだけで、いい悪いなど余分な意味は付けません。

ある日、担任の先生から電話がかかってきました。

「おたくの娘さん、頭にハゲがありますよね。きょう外へ出たとき風が強くて、髪の間からハゲが見えましてね、周りの子どもたちが『あ、ハゲや!ハゲや!』と騒いだんです。私は、とっさにどう言えばいいかと迷っていたのですが、加乃ちゃんは『見て見て! 私ね、生まれたときからアザがあってね、ここだけ髪が生えないの』と言って、自分で髪を上げてみんなに見せて回ったんです。そしたらみんなも『どうして?』とか『もういっぺん見せて!』と言って、なんべんも納得するまで見たんです。するとあとは何も言わないんです。驚きました。これだったらいじめは起きないですね……どんな子育てしているんですか」と聞かれました。

●古い筆箱

うちでは子どもに、できるだけ新しいものを買い与えません。

娘が小学校に入る時、妻は自分の古い筆箱を出してきて、「これはお母さんが小学校の時から大切に使っていた宝物なの。これを買ってくれたお母さんのお父さん（加乃のおじいさん）は、お母さんが小学校の時に亡くなったの。お母さんはこれをお父さんの形見としてとても大切にしていたのよ。あなたが大切に使うのなら、あげようか」と話しました。娘は、「うん、大切に使うからちょうだい！」と言って、大喜びでそれをもらいました。

ある日、担任の先生から電話がかかってきました。

「加乃ちゃんは古い筆箱を持っていますね。きょうそれがクラスで話題になりましてね」

先生の話によると、男の子が娘に「お前の筆箱、古いやないか、僕のはこんなんやで」と自分のピカピカ新品の筆箱を自慢したそうです。他の子たちも周りに集まってきて、「貧乏人！　貧乏人！」とはやし立てたそうです。

それに気づいた先生が、なんと言おうかと迷っていると、娘は
「ねっ、古いでしょ！　いいでしょ！　これはね、お母さんが子どものころから大切に使っていたんだって。おじいちゃんの形見なの。私も大切に使って、私の子どもにこれをあげるの」と言ったそうです。

周りの子どもたちは一瞬シーンとなり、そしてしばらくすると男の子たちが「ふーん、ええな……もう一回見せて」と言ったそうです。

2 子育ての指針

次にうちの子育ての指針となった、二つのできごとについてお話ししたいと思います。

●ジュースこぼしちゃった

友人夫婦が小さな女の子を連れて遊びに来ました。楽しく話をしていましたら、その子がコップを倒してジュースをこぼし、お母さんの白いワンピースにかかってしまいました。

私は一瞬、そのお母さんが「何するのよ！　こんなことして！」と叫んだり、子どもを叱ったり、子どもが泣き出したり、というういやなシーンを想像しました。

しかし、なんと、そのお母さんは「やったわね～」と言っただけ。その子も

「やっちゃった～」と言って、二人で顔を見合わせて、プッと笑ったのです！

そして、お母さんはちっとも取り乱さずに、私たちに「すみませんね」と謝ると、「あなたは床を拭いてね」と子どもに雑巾を渡し、自分は服やテーブルを拭きました。片付け終わると、何事もなかったかのように続きを話し始めたのです。

友人夫婦が帰ったあと、私たち夫婦は顔を見合わせて、

「すごいねえ……」「すごいですねえ……」

「あれだね！」「あれですね！」と言いました。

このできごとは、私たち夫婦の子育てに大きなヒントになりました。

●冬山での遭難

これも同じころのできごとです。

うちの近くに金剛山（標高一、一二五メートル）があり、家族や学校でもよく登ります。冬には雪が積もります。

その山で小学生が迷子になるという事故が二件ありました。

一人は翌日、雪の中に穴を掘ってじっとうずくまっているところを無事に助けられました。もう一人は凍死していたのです。

当時の新聞に掲載された記事によると助かった子は、

「お父さんがいつも『何かあれば必ず助けに行くからじっとしているんだぞ』と言っていたから、雪の中でじっとしていた。怖かった。さみしかった。でも怖くなったら歌を歌った」

とのことでした。

そして、実際にお父さんは、捜索隊に加わりその子を助けにいったのだそうです。

一方、亡くなってしまった子は、「パニックを起こして歩き回って体力を消耗して凍死した模様」とのことでした。

この記事を読んだ私は、

「この二人の運命を分けたものは何だろう。この子の死を無駄にしたくない」

と考え続けました。

●受け止める

このニつのできごとから、私は大切なことに気づきました。

事実は事実として、余分な解釈、余分な色を付けずに、あるがままに「受け止める」ことがいかに大切なことか。

「受け止めるか」「受け止めないか」

このことで、すべてが大きく変わることに気づきました。

事実を受け止めれば、腹は立たない！

事実を受け止めれば、パニックを起こさない！

どんなことがあっても、事実を受け止め、どうすればいいのかを考えられる子どもになるように育てよう。

これが私たちの子育ての基本になりました。

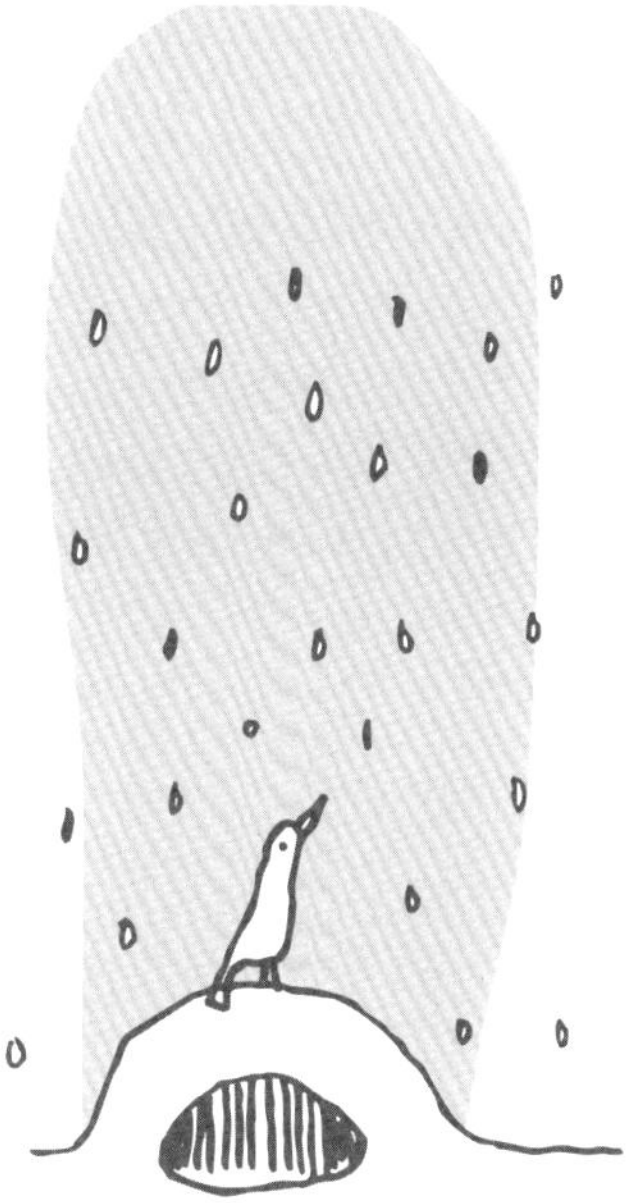

3　片目

私自身の体験についてもお話ししたいと思います。

私の目に明るいライトが当てられる……
私の目をお医者さんが何度ものぞき込む……
最後には、お医者さんが首を振る……
そんなシーンを覚えています。三歳ころの記憶です。

私の父は医者でしたから、私は近所の人からよく「坊やもお医者さんになるんだね」と言われました。自分もそう思っていました。
ところがある日、父は私に「お前は医者になれない」と申し訳なさそうに言いました。その時は意味がよくわかりませんでした。

五歳くらいになって、だんだん意味がわかってきました。

キャッチボールがうまくできずに顔にボールが当たる。

チャンバラをすると負ける。

ターザンごっこでは木から落ちる。

塀の上を歩くと転落する。

みんなができることが自分だけできないのです。

あるとき、一緒に遊んでいた女の子が、じっと私の目を見て、「気持ち悪い！」と叫んで逃げ出しました。ショックでした。

片方の目が見えないことがわかり、とてもとても大きな衝撃でした。

私は五歳にして、友だちがいなくなりました。孤独でした。

でも、そのことは決して母親にも誰にも話しませんでした。親に言えば悲しむだろう。これは自分のことだから、自分一人で耐えるしかないと覚悟していたのです。

「僕の目はみんなから気持ち悪がられるのだから、医者になれないどころか、お店屋さんにもなれない、学校の先生にもなれない、人と顔を合わせる仕事はできないんだ……」と気づいてショックでした。じゃあ、何ができるだろうと、人と顔を合わせなくてもできる仕事を探しました。そして見つけたのが、本を書く人、天文学者や科学者、そしてピアニストでした。

子ども心に決めたことが、私の一生に大きな意味を持ちました。

できるだけ、人前に出ず、人と目を合わせず、視線をそらして生きていこう、と思い、実際そのように生きていきました。

しかし高校のとき、大きな転機がありました。

ヘレンケラーの映画「奇跡の人」を観て、大きなショックと感動を受けたのです。

「あの人は両方の目が見えない、両方の耳が聞こえない、話すこともできない。そんな人が、あんなに立派に生きている！」

ヘレンの姿に自分を重ねあわせ、私は大きな決意をしました。

翌日、クラブ（高校のコーラス部）の仲間に言いました。

「みんな、僕の目つきが悪いと言うけれど、僕は目つきが悪いんじゃない。僕は目が悪いんだ。右目が見えないんだ。片目なんだ。だからキャッチボールができないし、野球ができない。付き合いが悪いんじゃないんだ。わかってくれ。これからは目を合わすよ」

するとと仲間も「知らなかった……誤解していた……わかった……ごめん……」と言ってくれました。

その時、一人が、「お前は片目か。世の中、半分しか見えてないのか」と言ったのです。

その言葉にみんなが憤慨したけれど、私は彼に、「僕だって望んで片目になったんじゃない。でもな、片目だけど世の中が半分しか見えてないわけじゃない。一目瞭然だ」と言いました。

しばらく沈黙が続き、彼は「すまん……僕は一言、余分なことを言うクセがあるんだ……許してくれ……」と謝りました。

私はその時から大きく変わりました。みんなと目を合わすことができるようになり、積極的にみんなと話をしたり、みんなの前に立つことができるようになりました。

この時、やっと私は、自分を受け止めることができたのです。

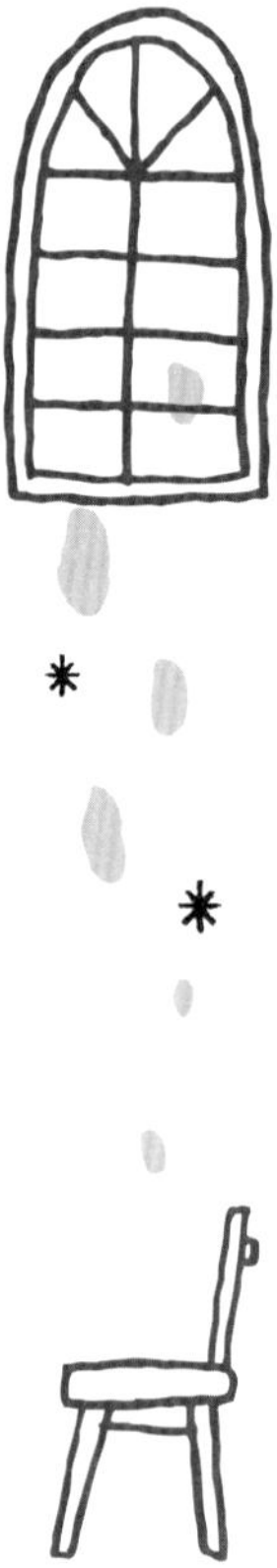

4　心について

＊心を病む

厚労省、文科省のデータによると、心を病んでいる人が急増しています。子どもの虐待も急増しています。子どもの不登校も、大人の休職も自殺も増えています。休職理由の60％以上が「心の病」です。

「心を病む」というのは、どういうことでしょう。

私が多くの相談を受けている中で目立つのは、

・自分に自信がない、自分が好きになれない
・本気になれない、失敗がこわいからチャレンジできない
・コミュニケーションできない
・人の顔色が気になる、人の評価が気になる

という人が多いことです。

その多くは、子どもの頃に原因があるようです。

・親にかまってもらえなかった
・両親が仲が悪い、または離婚歴がある
・きびしく叱られた、しょっちゅう暴力を受けた
・兄弟や、よその子と比べられた
・子どもの頃の失敗（おねしょ、盗みなど）のトラウマ
その結果、自分を見失い、生きる意味さえわからなくなるようです。

しかし、本当は、そんなこと、どうってことない。心配ない。
過去のことは気にしないで。ドンマイ！ドンマイ！

＊心のアレルギー

アレルギーとは、ふつうなら無害な物質を、身体が「敵、脅威」と感知して、過剰な反応を起こすことです。例えば花粉アレルギーやアトピー、ときには死に至るような激しい反応（アナフィラキシー）もあります。

私はアレルギーには肉体的なアレルギーと、人の言葉に過剰反応する、人の顔色を気にする、緊張する、アガる、固まる、落ち込む、パニックを起こすなどの精神的なアレルギーがあることに気づきました。これが心のアレルギーです。

その原因は「親に暴力を受けた、学校でいじめられた」など、子どもの頃の経験が大きくあとを引いているケースが多いです。子どもの頃は無防備で、激しい刺激に対して免疫がないから、自分の周りに殻（カプセル）を作り、「引きこもる」ことで自分を守るしかなかったのでしょう。

しかし、カプセルに入ったまま大人になるとたいへん。「聞かない、見ない、話さない」人になり、その結果、無知、無関心、無感動な人になってしまいます。

その逆に、「自分中心」「好き嫌いが激しい」「トラブルメーカー」になる場合もあります。

これもアレルギー症状だと思って、まずは「受け止める」ことから始めましょう。

心のアレルギーを治せば、体のアレルギーもきっと治るよ〜〜！

過去を受け止める

＊アレルギーとは、過去の経験（侵入）に対してアレルゲン（抗体、免疫）が作られ、次の攻撃に対して防御（反撃）してしまうことです。過去の経験を「攻撃、侵入」とみなせば、それ以後は、同じことに対して防御（攻撃）してしまうのです。

過去の経験を「受け止める」ことができなければ、アレルギーになり、反発、拒否するのです。

つらい過去を保存したければ、大切に抱え込んで秘密にしましょう。
つらい過去を手放したければ、気軽に話して、分かち合うことです。
人の意見やアドバイスを受け止めることです。
ムキにならず、笑って受け止め、笑って流すことです。

5 「受け止める」とは

受け止めることができれば、腹は立ちません。

受け止めることができれば、悩んだり落ち込んだりしません。

パニックにもなりません。どうすればいいか考えられます。

受け止めないから、苦しいのです。

受け止めないから、抵抗するから、争うから、心の中がいっぱいいっぱいになるのです。心の中がいっぱいいっぱいになるから、キレたり、うさばらしをしたり、絶望したりするのです。

＊「受け止める」と「受け入れる」

あなたは、どんなことも無条件で「受け止める」ことはできますか。

「そんなことできるわけがない！」と思われるかもしれません。しかし、問題の解決のためには、「受け止める」しかないのです。

「受け止めることはできない」と思った人は、もしかしたら、「受け入れる」ことと勘違いしているのではないでしょうか。


「受け入れる」と「受け止める」は違うのです。

「受け止める」は、相手の気持ちを理解するだけのことです。

「受け入れる」は、同意することですから、身に覚えの無いことは受け入れる必要はありませんし、受け入れてはいけません。

「受け止める」はかんたんなことです。

「受け止める」ことで、多くのトラブルを避けることができるのです。

例えるならば、「受け止める」は外の門であり、「受け入れる」は玄関です。訪問者には、外の門は開けてあげればいいのです。でも玄関は、用件によっては開けても開けなくてもいいのです。

その外の門と玄関の距離が懐《ふところ》の深さなのです。

「受け止める」と「受け入れる」を混同している人には、懐はありません。

いつも門を閉めている人には、誰も近づかなくなります。

＊いじめ

以上を考えてみると、「いじめる子」も、「いじめられる子」も、「受け止められない子」なのではないでしょうか。

受け止められないから、腹を立てたり、うさばらしするのです。

受け止められないから、絶望したり、心を閉ざすのです。

つまり、どちらも懐が浅いのです。キャパが小さいのです。

しかし、子どもたちが悪いわけではありません。

その大きな原因は「不幸の連鎖」だと思います。

会社で不満を感じたお父さんが、家庭で不満をぶつけ、お母さんが子どもたちに不満をぶつけ、子どもは弱い子に不満をぶつけるという、不幸の連鎖が起きているのです。

✳では、どうすればいいか

笑顔を意識することです。

笑顔は、相手も自分も受け止めます。

笑顔は、相手にも自分にも周りにも、安心を広げます。

子どもに笑顔を向けよう。

お父さんはお母さんに、お母さんはお父さんに笑顔を向けよう。

子どもは、それを待っています。

いま、子育てをしている方はぜひわが子を、あるがまま受け止め、抱きしめてあげてください。愛してあげてください。

あなたが子どもの頃、してほしかったことをしてあげてください。

✳自分が変わると

自分が変わると、周りが変わる。

周りが変われば、みんなが変わる。

みんなが変われば、未来も変わる。
自分が変わると、未来が変わる。

✳過去も変わる

自分が変わると、意識が変わる。
意識が変わると、思いが変わる。
思いが変わると、過去の解釈も変わる。
自分が変わると、過去も変わる。

受け止めるためのエクササイズ

6　コップの法則

人の心は、コップのようなものです。

コップがいっぱいになると、人の話が聴けなくなります。コップがいっぱいの人同士が、「私の話を聴いて！　私の気持ちをわかって！」と言い合っても、お互いに聴くことができません。

そんな時、あなたの方から、一歩譲って「あなたの気持ち、聴かせて」と言ってみるのです。そして相手の話、相手の気持ちを「受け止める」のです。すると相手は、いっぱいだったコップに余裕ができます。余裕ができると、あなたの話も聴けるようになります。

話を聴いてほしいときは、まず、相手の話を聴くことです。

ここでも、「受け止める」ということが状況を変えるのです。

7 魔法の言葉「なるほど」

キャッチボールには、ストライクゾーンがあります。「会話は言葉のキャッチボール」といいますから、ストライクゾーンが大きいと話がはずむし楽しいですが、ストライクゾーンが小さいと話は弾まないし、楽しくないし会話になりません。

まずは相手の言葉をしっかり受け止めることが大事です。

「なるほど」と言えば、相手の気持ちがわかるようになります。

「なるほど」と言えば、相手から学ぶことができるようになります。

「なるほど」という気持ちで聞けば、相手が理解できるようになります。腹が立たなくなります。ストライクゾーンが広くなります。

「なるほど」は、自分も相手も穏やかになり、やさしくなります。

8　特効薬「当たり前」

チベットの女性の講演を聞いたことがあります。

「日本人とても不思議。夏は『暑い暑い』、冬は『寒い寒い』、仕事中は『しんどいしんどい』、家に帰ると『疲れた疲れた』言う。

チベット人、そんなこと言わない。夏は暑い、冬は寒い、当たり前だから。

日本人どうして当たり前のこと文句言うか。不思議」

とても説得力がありました。


たしかに日本人は、夏は「暑い暑い」、冬は「寒い寒い」、仕事は「忙しい忙しい」、いろんなことに不平や不満を言いますね。

口に出さなくても心の中で不平や不満を言っています。

それは顔にも出るし、態度にも出る、言葉にも出てしまいます。

それが相手にも伝わり、その場の空気をおかしくしてしまいます。

そこで私は、特効薬を発見しました！
その特効薬は「当たり前」カプセルです！
夏に「暑い」と思ったら「当たり前」カプセルを一錠！
冬に「寒い」と思ったら「当たり前」カプセルを一錠！
これは副作用なしの万能薬。
私は最近ランニングに取り組んでいて、疲れた時に飲むとよく効きます。

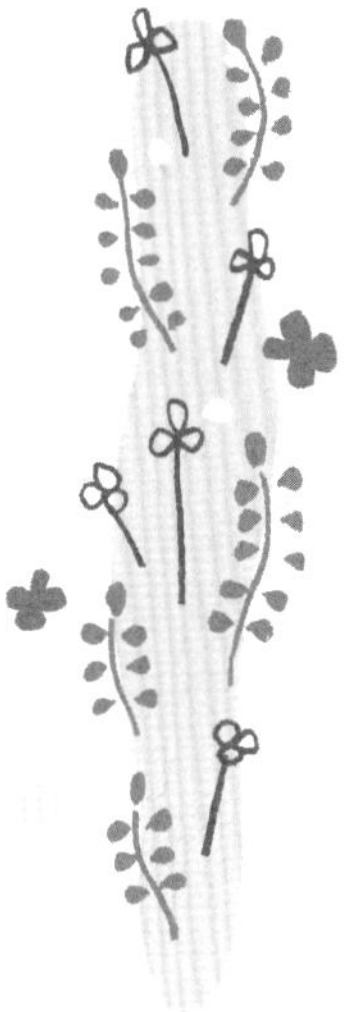

9 自分なんだ！

あなたの周りに「意地悪な人」や「苦手な人」っていませんか。
それは、どんな人でしょう？
もしかして、あなたのことを、「努力が足りない」「失敗が多い」「言い訳が多い」
なんて言う人のことですか？
そうですか、わかりました。
ところで、それは、
意地悪ですか？　事実ですか？
……事実
では、事実を言う人は意地悪ですか？　正直ですか？
……正直
では、正直な人を意地悪と言う人は正直ですか？　意地悪ですか？

……意地悪

ということは、あなたが意地悪で、あなたに事実を言ってくれる人が正直な人ですね。

あれれ、立場が逆転しましたね。

受け止めなければ意地悪。
受け止めればアドバイス。
面白いですね！

幸せな人生を願って

10　悔いなく生きる

イメージしてみてください。

今、あなたは突然、寝たきりになってしまいました。

もうベッドから降りることはできないのです。

食事の世話も、しもの世話も、寝返りさえも人にしてもらわなければならない身体になってしまったのです。一生、何もできないのです。

「なぜ自分が！」「そんな馬鹿な！」と泣き叫ぶかもしれません。取り乱し、なかなか現実を受け止めることができないでしょう。

でも、時間の経過にしたがって次第に事実を受け止められるようになるでしょう。

いいえ、受け止めるしかないのです。やがてあなたは人生について考えるでしょう。

〝なぜ、もっと大切に生きなかったのだろう〟

〝たった一度の人生を、どうして精一杯生きなかったのだろう〟

〝なぜ、したいことをせず、したくないことをしていたのか〟

〝もう一度元気になれたなら、あれがしたい、これがしたい〟

と、悔いなく生きたいという熱い想いに胸を焦がすことでしょう。たくさんのことが、走馬灯のように次々と浮かんでくることでしょう。


そう、自分の人生は自分で選べるのです。

たった一度の人生、悔いなく生きればいいのです。

「難しい」と思うかもしれません。でも不可能ではないのです。

人間にはすごいパワーと可能性があるのです。

11　あなたへ

●心がいっぱいいっぱいのあなたへ

つらいんだろうね。苦しいんだろうね。
よくわかるよ。
だれだって、そういう経験はあるんだよ。
私だって、
もう終わりだ！　すべてを失った！　世界の終わりだ！
と思ったこともあるんだよ。
でも、大丈夫。
どんなことも、いつか解決する。
永遠に続く嵐はないんだよ。
いまをやりすごせばいいんだよ。

いまを受け止めればいいんだよ。

ただ、それだけ。

なにか言いたいことがあったら、

「ワン……ツー……スリー……」

3秒待ってから、静かに言えばいいんだ。

「つらいんだ……苦しいんだ……」

「もう少し、待ってほしい……」

と言えばいいんだよ。

●苦しんでいる人のそばにいるあなたへ

そっと言ってあげてください。
I'm sorry. Thank you and I love you.

あとがき

大人でも子どもでも苦しんでいる人は、自分を受け止めることができないのです。

問題解決のためにはまず、あなたが自分を受け止めることです。あなたが自分を受け止めることができるようになれば、あなたは周りの人を受け止めることができるようになります。

人は、自分が受け止められることで、周りの人を受け止めることができるようになりますから、あなたに受け止められた人は、周りの人を受け止められるようになります。

そのことで、周りの人を受け止めることのできる人が増えていきます。次々とそれが広がっていくならば……

想像してみてください。

みんなが、みんなを受け止められる世界を。

あなたに、これを理解し、これを実践し、このことを広げてもらいたいのです。それが、私の夢なのです。

この本が、多くの人に読まれることを願っています。

この世界を変えていく一助になることを祈っています。

高木 善之（たかぎよしゆき）

1970 年　大阪大学物性物理学科卒業、
パナソニック在職中は技術統括室、本社技術企画室。
フロン全廃、割り箸撤廃、環境憲章策定、森林保全など推進。
ピアノ、声楽、合唱指揮など音楽分野でも活躍。
1991 年　環境と平和の国際 NGO　ネットワーク『地球村』を設立。
リオ地球サミット、沖縄サミット、ヨハネスブルグ環境サミットに参加。

ネットワーク『地球村』

『地球村』（永続可能社会、環境調和社会）の実現をめざし、
①事実を知らせ、②解決への提言などを呼びかける市民団体。
基本理念は「非対立」（抗議、要求、戦いをしない）
http://www.chikyumura.org/

講演、著書

地球環境、世界の現状、政治経済、生き方など。
『軍隊を廃止した国 コスタリカ』『キューバの奇跡』
『地球村とは』『非対立』『大震災と原発事故の真相』
『幸せな生き方』『平和のつくり方』『オーケストラ指揮法』
『ありがとう』『いのち』『宇宙船地球号』『宇宙体験』
など多数。
http://www.chikyumura.or.jp

お問合せ先

ネットワーク『地球村』
〒 530-0027 大阪市北区堂山町 1-5-405
TEL:06-6311-0309　FAX:06-6311-0321
Email:office@chikyumura.org